북극곰 vs 회색곰
또 하나의 대결 방울뱀 vs 뱀잡이수리

비룡소

이해 쏙쏙! 코너 밀러두기
핵심 정보: 꼭 알아야 하는 동물 필수 정보를 담았어요.
기본기 다지기: 동물 정보를 익히려면 알아 두어야 하는 기초 지식을 배워요.
놀라운 사실: 동물의 놀라운 크기, 무게, 능력 등을 소개해요.
요건 몰랐지?: 이것까지 알면 동물 천재! 동물 척척박사가 되는 정보를 알려 주어요.
깜짝 질문: 동물 공부가 더 재밌어지는 기상천외한 질문이 등장해요.

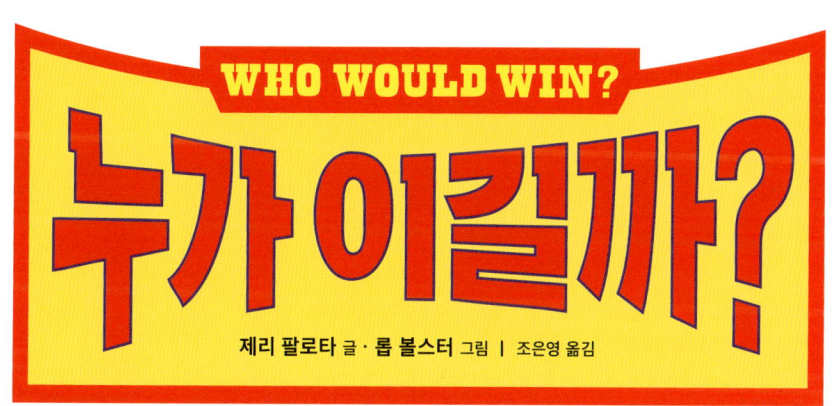

WHO WOULD WIN?
누가 이길까?

제리 팔로타 글·롭 볼스터 그림 | 조은영 옮김

북극곰

VS

회색곰

비룡소

**육지의 최강 포식자 북극곰과 회색곰의 치열한 승부!
과연 왕좌는 누가 차지할 것인가!**

어느 여름날, 북극곰과 회색곰이 바닷가에서 운명처럼 마주쳤어.
북극 지역에서 생활하는 북극곰과 산과 숲에 사는 회색곰이 어떻게 마주칠 수 있냐고?
여름이 되면 배고픈 두 곰이 먹이를 찾아 헤매다 같은 곳에서 만날 때가 있거든.

두둥! 두 곰이 무시무시한 발톱을 내세우며 으르렁거리고 있어! 과연 둘이 맞붙는다면
무슨 일이 벌어질까? 누가 이길지 궁금하지 않아?

적수가 없는
북극의 절대 강자

이름: 북극곰
사는 곳: 북극
공격 기술: 커다란 앞발로 내려치기

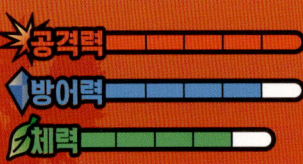

북극곰

8 ………… 북극곰 선수 입장!
10 ………… 북극곰만큼 유명한 흑곰
12 ………… 눈처럼 새하얀 털
14 ………… 멀리서도 우뚝!
16 ………… 무시무시한 왕발
18 ………… 바다의 장거리 수영 선수
20 ………… 날카로운 송곳니
22 ………… 얼음 위의 날쌘돌이
24 ………… 북극곰의 뼈대
26 ………… 고독한 평화주의자
28 ………… 눈 동굴에서 몸을 꽁꽁
30 ………… 재미난 북극곰 이야기
32 ………… 최강 동물 대결!

동물 소개 · 차례

재빠르게 달려서 공격!
산속의 사냥꾼

이름: 회색곰
사는 곳: 높고 가파른 산속
공격 기술: 할퀴고 긁기

회색곰

회색곰 선수 입장! ……… 9
대나무가 너무 좋은 대왕판다 ……… 11
여러 가지 갈색 털 ……… 13
두 발로 벌떡! ……… 15
날카롭게 구부러진 발톱 ……… 17

북극곰 선수 입장!

자, 곰 중에서 제일 덩치 큰 북극곰을 소개하지! 북극곰은 지구의 가장 북쪽인 북극 지역에서 살아. 대부분 얼어붙은 바다에서 시간을 보내지. 특히 빙하의 가장자리를 아주 좋아해.

핵심 정보

북극곰 이름이 왜 북극곰이겠어? 북극에 사니까! 남극에는 북극곰이 살지 않아.

요건 몰랐지?

얼음 위를 뒤뚱뒤뚱 걷는 펭귄이 사는 곳은? 바로 남극이야. 북극에서는 펭귄을 만날 수 없단다.

회색곰 선수 입장!

이번엔 '공포의 곰'으로도 불리는 회색곰을 소개할게. 회색곰은 주로 캐나다와 알래스카, 미국 북쪽의 높고 가파른 산속에서 살아. 아래 회색곰 어깨에 툭 튀어나온 커다란 혹이 보여? 바로 앞발에 강한 힘을 실어 주는 근육 덩어리야. 회색곰은 이 근육으로 땅을 파헤치고 커다란 바위도 쉽게 뒤집어 버린대!

요건 몰랐지?
회색곰은 지구 남쪽에서는 살지 않아.
회색곰이 펭귄과 만날 일은 없어.

북극곰만큼 유명한 흑곰

털이 밤하늘처럼 까만 이 녀석은 누굴까? 바로 흑곰이야. 북극곰, 회색곰처럼 곰에 속하지. 흑곰은 키가 최대 180센티미터까지 자라. 엄청 크고 사나울 것 같다고? 회색곰이나 북극곰한테는 상대도 되지 않을걸.

요건 몰랐지?

귀여운 곰 인형 '테디 베어(Teddy Bear)'는 왜 이름이 '테디'일까? 미국의 루즈벨트 대통령이 사냥하면서 만난 흑곰을 풀어 준 사건이 있었어. 이 사연을 들은 한 장난감 가게 주인은 자기가 만든 곰 인형에 루즈벨트의 별명인 '테디'라는 이름을 붙였지. 이 곰 인형은 불티나게 팔렸고, 그렇게 테디 베어의 역사가 시작되었대.

대나무가 너무 좋은 대왕판다

느릿느릿 어슬렁거리기 좋아하는 대왕판다도 곰에 속해. 주로 대나무를 먹고 살지. 어쩐지 대왕판다도 북극곰, 회색곰의 싸움 상대가 되지 않을 것 같지?

눈처럼 새하얀 털

북극곰의 털은 하얀색이야. 그래서 눈과 얼음이 많은 북극에서 눈에 잘 띄지 않아. 어디 한번 눈을 크게 뜨고 찾아보시지!

핵심 정보
반전! 털 아래 북극곰의 피부는 까만색이야.

하얀색

놀라운 사실!
북극곰은 발바닥에도 털이 나 있어서 얼음 위에서 미끄러지지 않아.

요건 몰랐지?
북극곰의 털을 아주 가까이서 살펴보면 투명해. 털 속이 빨대처럼 비어 있기 때문이지.

여러 가지 갈색 털

회색곰의 털은 보통 짙은 갈색, 갈색, 붉은 갈색, 금색을 띠어. 낙엽과 흙, 바위, 나무 등과 색이 비슷해서 산과 숲속에서 잘 숨어 지낼 수 있지.

요건 몰랐지?
털이 갈색인데 이름은 왜 회색곰이냐고?
나이가 들면서 어깨와 등에 난 털이 회색빛을 띠기 때문이야.

짙은 갈색 | 갈색
붉은 갈색 | 금색

멀리서도 우뚝!

300 센티미터

놀라운 사실!
북극곰은 사람처럼 두 발로 우뚝 설 수 있어.

요건 몰랐지?
북극, 캐나다 북부, 시베리아 등 북극 지역에서 고기나 물고기를 사냥하며 사는 사람들을 '이누이트'라고 해.

요건 몰랐지?
북극곰은 유명한 콜라 회사의 마스코트야. 그래서인지 사람들은 북극곰이 사람과 친하고 다정한 성격일 거라 생각하곤 하지. 하지만 그 어떤 곰보다 포악하고 사납단다.

90 센티미터

북극곰은 육지에서 사는 동물 가운데 가장 몸집이 커. 두 발로 섰을 때 키가 약 300센티미터나 되지. 북극곰 옆에 있는 이누이트 아이 세 명의 키를 더한 것보다 커.

두 발로 벌떡!

놀라운 사실!
회색곰도 두 발로 설 수 있어! 훗!

250 센티미터

153 센티미터

요건 몰랐지?
남자 이누이트의 평균 키는 약 164센티미터, 여자 이누이트는 약 153센티미터야.

짠! 두 발로 선 회색곰의 키는 250센티미터 정도야. 북극곰보다 작지만 보통 어른보다는 훨씬 크지. 사냥을 잘하는 이누이트도 함부로 덤비지 못했을 거야.

무시무시한 왕발

북극곰은 발 너비가 30센티미터나 돼. 지금 읽고 있는 이 책보다 크다는 말씀! 앞발에는 길고 날카로운 갈고리 모양의 발톱이 있어.

실제 발톱 크기

앞발 자국

뒷발 자국

핵심 정보

북극곰은 발가락 사이에 물갈퀴가 있어서 바다에서 기가 막히게 헤엄을 잘 쳐.

요건 몰랐지?

북극곰의 발자국을 발견했다면 뒤도 돌아보지 말고 얼른 도망쳐! 비명을 지르기도 전에 잡아먹힐 테니까! 꺄악!

날카롭게 구부러진 발톱

회색곰도 앞발에 날카롭게 구부러진 발톱이 나 있어. 곰 중에서 앞발톱이 가장 길지. 앞발톱 길이만 10센티미터 넘는 녀석도 있다니까! 덩치는 북극곰이 크지만, 발톱 길이는 회색곰이 한 수 위라고 할 수 있어! 엣헴!

실제 발톱 크기

앞발 자국

뒷발 자국

기본기 다지기
곰은 앞발과 뒷발에 발톱이 5개씩 있어. 이 발톱으로 먹이 사냥, 나무 타기, 구멍 파기 등을 해.

바다의 장거리 수영 선수

북극곰은 바다의 수영 선수야. 100킬로미터쯤은 쉬지 않고 헤엄칠 수 있지. 평소에 바다코끼리, 바다표범, 바다사자, 물고기 등 바다에서 사는 동물을 먹고 사는데, 그중에서도 바다표범을 아주 좋아해.

요건 몰랐지?
북극곰은 물 위에 엎드려서 네 발을 마구 저으며 헤엄쳐. 개가 헤엄치는 모습과 비슷해.

놀라운 사실!
북극곰은 사람도 잡아먹을 수 있어. 하지만 너무 걱정하지는 마. 북극곰 가까이 사는 사람은 많지 않거든.

강가의 낚시꾼

회색곰도 헤엄을 잘 치지만 강물에 서서 낚시하는 걸 더 좋아해. 가만히 입을 벌리고 서 있으면 강을 거슬러 올라가던 연어가 회색곰 입속으로 쑤욱 들어온다던데?

요건 몰랐지?

회색곰은 앞발에 잡히는 건 뭐든지 먹어. 연어, 송어, 사과, 산딸기, 꿀은 물론, 말코손바닥사슴, 카리부★, 쥐, 양, 굼벵이, 조개까지 먹어 치우지.

★ 카리부: 북아메리카에 사는 순록.

놀라운 사실!

1년에 한두 명 정도가 회색곰 때문에 죽거나 다쳐. 주로 갑자기 마주쳐 놀라거나 새끼를 데리고 있을 때 사람을 공격한대.

날카로운 송곳니

쩌억! 북극곰이 날카로운 송곳니를 뽐내며 입을 벌리고 있어. 먹이를 사냥하거나 적을 위협할 때 송곳니를 드러내지. 잡은 먹이는 씹지 않고 꿀꺽 삼켜 버린다고 해.

요건 몰랐지?
북극곰은 약 1미터 두께의 얼음 밑에 숨은 바다표범의 냄새도 맡을 수 있어. 킁킁.

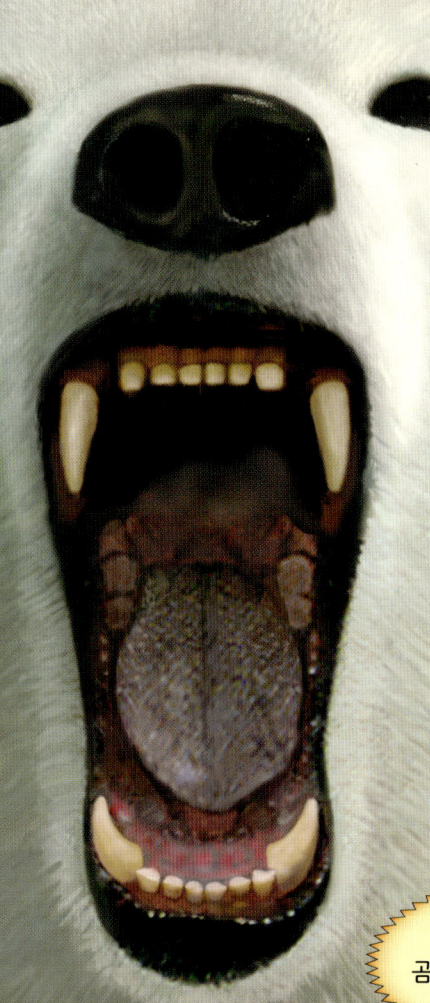

기본기 다지기
곰은 고기든 식물이든 가리지 않고 먹는 잡식 동물이야.

킁킁, 냄새 맡기 고수

흐익, 회색곰도 화가 잔뜩 났는지 으르렁거리며 이빨을 보여 주고 있네! 회색곰의 이빨은 북극곰과 비슷하게 생겼어. 회색곰도 냄새를 기가 막히게 잘 맡아. 30킬로미터나 멀리 떨어진 곳에 있는 죽은 동물의 냄새도 맡을 수 있대.

기본기 다지기
곰의 이빨은 38~42개 정도야.

얼음 위의 날쌘돌이

북극곰이 얼음 위에서 전력 질주할 때 속도는 시속 40킬로미터 정도 돼. 사람쯤은 쉽게 따라잡을 수 있지. 으아아악, 걸음아 나 살려라!

만약 북극곰과 회색곰이 달리기 시합을 하면 누가 이길까? 북극곰? 회색곰?

땅 위의 달리기 선수

회색곰을 얕보면 안 돼! 몸집이 커서 굼뜰 것 같지만 최고로 빠를 때 시속 56킬로미터까지 속도를 낼 수 있을 만큼 달리기 실력이 좋으니까! 열심히 달리면 카리부도 뒤쫓아서 잡을 수 있어.

땅에선 회색곰이 북극곰보다 더 빨라. 하지만 얼음 위에서는 북극곰을 이기지 못할걸?

북극곰의 뼈대

짜잔! 북극곰의 몸 전체 골격이야.

요건 몰랐지?

북극곰이 왼발잡이라는 소문이 있는 거 알아? 아직 과학적으로 증명되지는 않았다니까 너무 믿지는 마!

요건 몰랐지?

사람들이 계속해서 지구를 오염시키는 바람에 지구가 더워지고 빙하가 녹으면서 북극곰이 사라질 위기에 처해 있어. 북극곰아, 미안해!

곰의 골격은 사람과 비슷한 점이 많아. 사람처럼 팔다리 4개, 발가락 5개, 등뼈, 갈비뼈, 머리뼈, 목뼈, 엉덩이뼈가 있지.

회색곰의 뼈대

회색곰의 골격도 한번 보자. 어때? 북극곰과 다른 점이 보여?

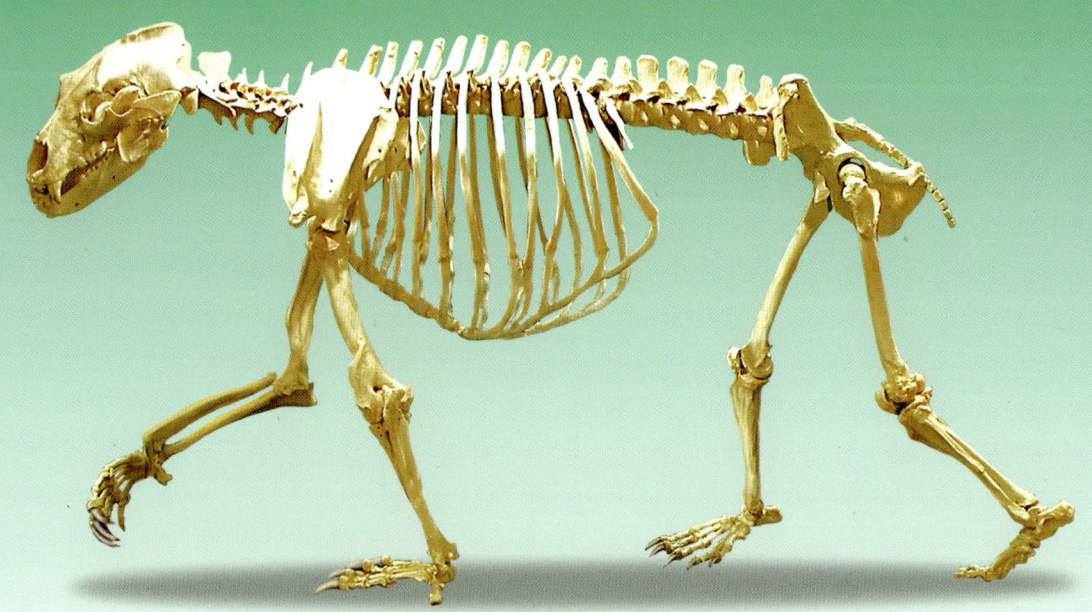

놀라운 사실!

과학자들은 북극곰과 회색곰의 조상이 같다고 생각해. 오랜 시간 다른 환경에서 지내며 오늘날 모습이 달라진 거지. 북극곰은 주로 바다에서 살고, 회색곰은 육지에 살잖아. 두 곰의 뼈는 과학자만 구별할 수 있단다.

요건 몰랐지?

1960년대까지 멕시코에도 회색곰이 살았어. 하지만 사람들이 사냥을 너무 많이 해서 지금은 사라지고 말았어.

고독한 평화주의자

북극곰은 혼자 생활하는 걸 좋아해. 다른 북극곰과도 멀리 떨어져 살고, 만나도 잘 싸우지 않지.

친구들과 함께 즐기는 낚시

회색곰도 홀로 살아가는 동물이야. 다만, 연어가 많이 나타나는 시기가 오면 여러 마리가 함께 낚시하러 나서지. 연어를 잡다가 종종 자기들끼리 싸우기도 한대. 잡은 연어를 서로 빼앗아 먹으려고 말이야.

눈 동굴에서 몸을 꽁꽁

추위를 잘 견디는 북극곰은 겨울이 되어도 겨울잠을 깊게 자지 않아. 오히려 먹이를 많이 잡아먹으며 더운 여름을 대비해 몸집을 불리지. 눈 폭풍이 심한 날이면 눈 동굴을 만들어 몸을 숨기기도 해.

눈 동굴

추운 겨울이면 수컷 북극곰은 주로 먹이를 찾아 돌아다니고, 상대적으로 몸집이 작은 암컷 북극곰은 눈 동굴 안에서 새끼 북극곰과 함께 겨울을 보내. 눈 동굴은 안전하게 새끼들을 돌보기에 딱이야!

기본기 다지기

겨울잠은 먹이를 구하기 힘든 겨울이 되면 동물들이 땅속이나 굴 등에서 자는 잠이야. 그동안은 심장이 느리게 뛰고 체온이 떨어져서 오랜 겨울 동안 먹지 않고도 살 수 있지.

바위 동굴에서 드르렁

바위 동굴

겨울이 오기 전이면 회색곰은 최대한 많이 먹어. 바위 동굴 안에 들어가 겨울잠에 들기 전에 충분히 몸을 살찌워야 추운 겨울을 버틸 수 있으니까. 하지만 회색곰이 언제든 깨어나서 갑자기 공격할 수 있다는 걸 명심해! 특히 봄이 가까워지면 회색곰은 더 사나워져. 겨울잠을 자는 동안 먹지 못해서 배가 무척 고프거든. 그러니까 다들 조심하라고!

재미난 북극곰 이야기

미국의 한 잠수함이 북극의 얼음 위로 잠망경을 쑤욱 내밀었다가 북극곰 몇 마리랑 눈이 딱 마주쳤어. 북극곰들은 처음 본 잠망경이 신기했는지 한참을 기웃거리더래.

북극곰은 얼음 위에 등을 대고 누워서 쉴 때가 있어. 늘어진 모습이 꼭 사람 같지 않아?

어느 유명한 사진작가가 오랜 기다림 끝에 멋진 북극곰 사진을 찍었어. 자기 트럭 안에서 점심을 먹고 있는데 며칠을 기다려도 보이지 않던 북극곰이 백미러에 짠 하고 나타난 거야!

엉뚱한 회색곰 이야기

아이쿠, 깜짝이야! 어느 날 외출했다가 집에 돌아온 한 알래스카 주민이 화들짝 놀라고 말았어. 글쎄, 회색곰 한 마리가 욕조에 들어가서 느긋하게 목욕을 하고 있더래!

알래스카 어느 항구에 배를 세우고 잠을 자던 한 선원이 부스럭거리는 소리에 잠에서 깼어. 그런데 이게 무슨 일이야? 창문에 배 주변을 어슬렁거리는 회색곰 한 마리가 보이는 게 아니겠어? 다행히 용감한 선원은 노로 회색곰을 쫓아버렸대.

어떤 남자가 아내 몰래 치즈버거를 미끼로 회색곰을 자기 차 안으로 끌어들였어. 아내와 곰이 함께 앉아 있는 사진을 찍고 싶었거든. 하지만 깜짝 놀란 아내가 비명을 꽥 지르는 바람에 회색곰은 달아나 버렸어. 정말 큰일 날 뻔했지 뭐야!

최강 동물 대결!

어느 무더운 여름날, 얼음 땅을 벗어난 북극곰 한 마리가 유유히 바닷가를 걷고 있었어. 마침 회색곰도 숲에서 나와 먹이를 찾으러 어슬렁거리고 있었지.

두둥! 북극곰과 회색곰이 서로를 발견했어. 일단 둘은 멀찍이서 상대를 지켜보며 공격할 틈을 노렸지. 꼬르륵, 둘 다 아주 배가 고팠거든.

마침내 회색곰이 으르렁거리며 북극곰을 향해 돌진하기 시작했어! 북극곰도 웅크리고 있던 몸을 벌떡 일으켰지. 공격 준비 완료!

쿵! 사납게 달려오던 회색곰이 북극곰을 넘어뜨렸어. 하지만 북극곰은 쉽게 지지 않았어. 재빨리 몸을 일으켜 거대한 앞발로 회색곰의 얼굴을 세게 내리쳤지.

싸움은 점점 더 격렬해졌어. 둘 다 지지 않으려고 서로를 할퀴고 물어뜯었지.

헉헉, 둘 다 엎치락뒤치락하느라 몸이 완전히 진흙투성이가 됐어! 그런데도 회색곰과 북극곰은 쉬지 않고 서로를 공격했지. 승부는 쉽게 날 것 같지 않았어.

그런데 갑자기 북극곰이 공격을 멈췄어. 둘이 죽자사자 서로를 해치며 싸울 이유가 없다는 걸 깨달았거든. 북극곰은 다친 몸을 휙 하니 돌리고는 자기가 사는 얼음 땅으로 유유히 떠났어.

휴...

회색곰이 이겼어. 싸우던 도중에 갑자기 떠난 북극곰 때문에 어리둥절했지만, 오히려 잘됐다고 생각했어. 회색곰 역시 많이 다쳤거든. 회색곰은 다시는 북극곰과 마주치고 싶지 않았어. 실력이 비슷해서 다음엔 질 수도 있겠다고 생각했지. 물론 이건 북극곰한테 비밀이야!

누가 더 유리할까?

아래 체크 리스트의 각 항목을 보고, 더 강한 동물에 체크 표시(v)해 봐!

북극곰		회색곰
☐	몸집	☐
☐	발톱	☐
☐	수영 실력	☐
☐	이빨	☐
☐	냄새 맡기	☐
☐	뛰는 속도	☐
☐	무리 생활	☐
☐	겨울잠	☐

★찾아보자! 몸집 14~15쪽, 발톱 16~17쪽, 수영 실력 18~19쪽, 이빨·냄새 맡기 20~21쪽, 뛰는 속도 22~23쪽, 무리 생활 26~27쪽, 겨울잠 28~29쪽

WHO WOULD WIN?

누가 이길까?

제리 팔로타 글·롭 볼스터 그림 | 조은영 옮김

방울뱀

VS

뱀잡이수리

비룡소

접근 금지!
방울뱀과 뱀잡이수리가 치열하게 대결 중!

출출한 방울뱀이 먹이를 찾아다니다 뱀잡이수리와 마주쳤어. 쩝쩝, 방울뱀은 입맛을 다시며 뱀잡이수리에게 다가갔지. 과연 방울뱀은 뱀잡이수리를 사냥할 수 있을까? 아니면 뱀잡이수리가 이름처럼 뱀을 잡아먹을까?

치명적인 독을 품은
포악한 사냥꾼

이름: 악질방울뱀
사는 곳: 미국 남서부, 멕시코 북부의 산과 험한 골짜기
공격 기술: 독니로 물기, 한입에 삼켜 버리기

공격력
방어력
체력

방울뱀

동물 소개 · 차례

S

강력한 발차기 공격!
뱀잡이 전문가

이름: 뱀잡이수리
사는 곳: 아프리카 사바나의 드넓은 초원
공격 기술: 발로 짓밟고 걷어차기, 부리로 찌르기

뱀잡이수리

맹금류가 아닌 새들 ·············· 45
뱀잡이수리 선수 입장! ·············· 47

하늘 위의 제왕 맹금류

본격적인 대결에 앞서 맹금류에 대해 알아보자. 이 책에 나오는 뱀잡이수리가 맹금류에 속하거든. 도대체 맹금류가 뭐냐고? 수리, 매, 올빼미처럼 다른 동물을 사냥해서 잡아먹는 사나운 새 무리를 말해. 어떤 새들이 맹금류에 속하는지 한번 볼까?

물수리
날카로운 발톱으로 물고기를 낚아채서 잡아먹어!

핵심 정보
물수리는 언제든지 물고기를 발견할 수 있는 강, 저수지, 큰 호수 근처에서 살지.

흰머리수리
몸통은 갈색, 머리와 꽁지에는 새하얀 깃털이 나 있어. 주로 물고기를 잡아먹고 살아.

요건 몰랐지?
물수리가 잡은 물고기를 흰머리수리가 빼앗아 먹을 때도 있대. 이런!

원숭이올빼미
생쥐나 두더지처럼 작은 동물을 잡아먹어. 주로 밤에 활동해.

기본기 다지기
올빼미는 깃털 모양이 아주 특별해서 휙휙 소리를 내지 않고 날 수 있어.

독수리
독수리가 도망치는 동물을 멋지게 사냥할 것 같다고? 사실은 그렇지 않아. 독수리는 주로 죽은 동물을 먹고 살거든.

핵심 정보
독수리는 종종 살아 있는 물고기를 낚아채서 먹기도 해.

맹금류가 아닌 새들

맹금류가 아닌 새 중에 독특한 생김새를 가진 녀석들도 만나 보자!

공작

꽁지를 덮고 있는 깃털이 아름답기로 유명해. 이 깃털을 꽁지덮깃이라고 한단다. 부채처럼 쫙 펼칠 수 있지.

> **핵심 정보**
> 수컷 공작만 꽁지덮깃에 동그라미 무늬가 있어.
> 화려한 무늬를 뽐내며 암컷을 유혹하지.

칠면조

공작처럼 꽁지를 부채 모양으로 펼칠 수 있어.
크기는 좀 작지만 말이야.

캐나다두루미

미크로랍토르 같은 깃털 달린 공룡처럼 생겼어.

> **핵심 정보**
> 캐나다두루미가 깍깍대는 소리는
> 4킬로미터 밖에서도 들릴 정도로 아주 커.

벌새

새 중에서 몸집이 가장 작아.
가장 작은 녀석은 5센티미터밖에 안 된다고 해.

> **놀라운 사실!**
> 벌새 알은 더 작아. 고작 커피 콩 크기만 하다지.

세상에는 이렇게 다양한 새가 있어. 어쩐지 뱀잡이수리가 더 궁금해지지 않아? 곧 만나 보자고!

방울뱀 선수 입장!

방울뱀 중에서도 가장 위험한 악질방울뱀을 소개할게. 악질방울뱀은 성질이 사납기로 유명해. 살아 있는 동물도 통째로 집어 삼키지.

핵심 정보
방울뱀은 적이 나타나면 꼬리를 치켜올리고 흔들어서 큰 소리를 내.

기본기 다지기
모든 방울뱀은 이빨에 독이 있는 '독사'야.

방울뱀은 몸의 비늘 모양으로 종류를 구분할 수 있어. 악질방울뱀의 비늘은 다이아몬드 모양이네! 그래서 악질방울뱀은 서부다이아몬드방울뱀이라고도 해.

뱀잡이수리 선수 입장!

뱀잡이수리가 다른 동물을 잡아먹는 맹금류라고 했던 거 기억하지? 뱀잡이수리는 이름처럼 뱀을 먹기도 하고, 곤충이나 생쥐도 많이 잡아먹어.

기본기 다지기
새는 날개는 있지만 손은 없어. 주로 부리가 손의 역할을 대신하지.

요건 몰랐지?
뱀잡이수리는 독사도 먹어. 독이 무섭지도 않은가 봐!

요건 몰랐지?
뱀잡이수리는 혼자 있는 걸 좋아해. 심지어 가족끼리도 멀리 떨어져서 보내는 시간이 많다는데?

뱀잡이수리의 머리에 난 검은 깃털은 꼭 펜처럼 생겼어. 머리 모양이 깃털 달린 펜을 귀에 건 비서를 닮았다고 해서 '비서새'라고도 불러.

반전! 쭉 늘어나는 몸

악질방울뱀은 몸길이가 최대 2미터까지 자라. 길게 세우면 키 큰 농구 선수와 맞먹을 정도지. 평소에 몸을 둘둘 말고 있어서 몰랐지 뭐야!

농구 선수 **악질방울뱀**

2미터

놀라운 사실!
악질방울뱀은 방울뱀 중에서 두 번째로 몸집이 커. 몸집이 가장 큰 방울뱀은 동부다이아몬드방울뱀이야.

1.5미터

핵심 정보
악질방울뱀의 몸무게는 보통 1.2~2.7킬로그램 정도 나가. 가장 무거운 녀석은 6.7킬로그램까지 나간대!

1미터

0.5미터

요건 몰랐지?
세계에서 가장 긴 뱀은 그물무늬비단뱀이야. 몸길이가 최대 7.6미터까지 자라지.

바위에 쥐구멍 같은 작은 구멍이 있다면 일단 도망쳐! 악질방울뱀이 구멍 안에 몸을 숨기고 지켜보고 있을지도 모르니까!

모델처럼 긴 다리로 훌쩍

약 1.2미터 정도 자라는 뱀잡이수리는 새 중에서도 키가 큰 편이야. 유치원에 다니는 웬만한 어린이보다 크다는 말씀!

2미터

요건 몰랐지?
지금은 멸종해서 만날 수 없는 모아라는 새가 있었어. 키가 3.5미터나 되는 아주 큰 새였지. 타조처럼 날지 못했다고 해.

1.5미터

뱀잡이수리

다섯 살 어린이

놀라운 사실!
오늘날 새 중에서 가장 키가 크고 무거운 새는 타조야. 키는 약 2.4미터까지 자라고, 몸무게는 약 155킬로그램이나 나간대!

1미터

0.5미터

핵심 정보
뱀잡이수리는 몸무게가 약 2~4킬로그램쯤 나가. 타조에 비하면 아주 가볍지?

우아, 뱀잡이수리는 다리가 모델처럼 아주 길어. 이 길쭉한 다리로 하루에 20~30킬로미터는 거뜬히 걷는대.

날름날름 재주 많은 혀

악질방울뱀은 파충류야. 파충류가 뭐냐고? 파충류는 온몸이 비늘로 덮여 있고, 주변 온도에 따라 체온이 변하는 동물을 가리켜. 뱀, 도마뱀, 악어, 거북 등이 모두 파충류에 속하지!

기본기 다지기
주변 온도에 따라 체온이 변하는 동물을 '변온 동물'이라고 해.

핵심 정보
파충류는 대부분 알을 낳아.

요건 몰랐지?
방울뱀의 온몸을 감싸고 있는 비늘은 촉촉하거나 끈적이지 않고 말라 있어. 몸의 수분이 밖으로 잘 빠져나가지 않게 해 주지. 그래서 방울뱀은 사막처럼 메마른 지역에서도 잘 살아갈 수 있단다.

방울뱀의 혀는 끝이 포크처럼 둘로 갈라져 있어. 이 혀를 날름날름 내밀면서 냄새를 맡고, 온도를 느끼고, 먹잇감의 위치를 알아내는 일을 해. 대단하지?

먹잇감을 찾는 별난 노하우

뱀잡이수리는 조류야. 다른 말로 '새'라고 하지. 조류는 등뼈와 날개가 있어. 다리엔 비늘이, 온몸엔 깃털이 덮여 있지. 입 대신 부리가 있고 말이야. 또 파충류와 달리 주변 온도와 관계없이 스스로 체온을 조절할 수 있단다. 이런 동물을 '정온 동물'이라고 해.

깜짝 질문
뱀잡이수리도 새니까 당연히 날 수 있어. 그렇다면 날지 못하는 새는? 펭귄, 닭, 타조를 포함해 전 세계 40여 종의 새들이 날지 못한다고 해.

기본기 다지기
새는 이빨이 없어.

핵심 정보
새는 대부분 혀로 먹이를 찾고 잡아먹어. 그런데 뱀잡이수리는 다른 새들과 달리 혀가 잘 발달하지 않아서 먹이를 사냥할 때 주로 다리와 부리를 써.

줄줄이 갈비뼈

우아! 악질방울뱀이 속해 있는 방울뱀의 골격을 봐! 갈비뼈가 끝도 없이 이어지는군! 돌돌 말린 용수철이 떠오르지 않아? 용을 닮은 것 같기도 해.

놀라운 사실!
방울뱀의 등뼈와 갈비뼈의 개수를 합하면 무려 200~400개나 된대. 엄청나지?

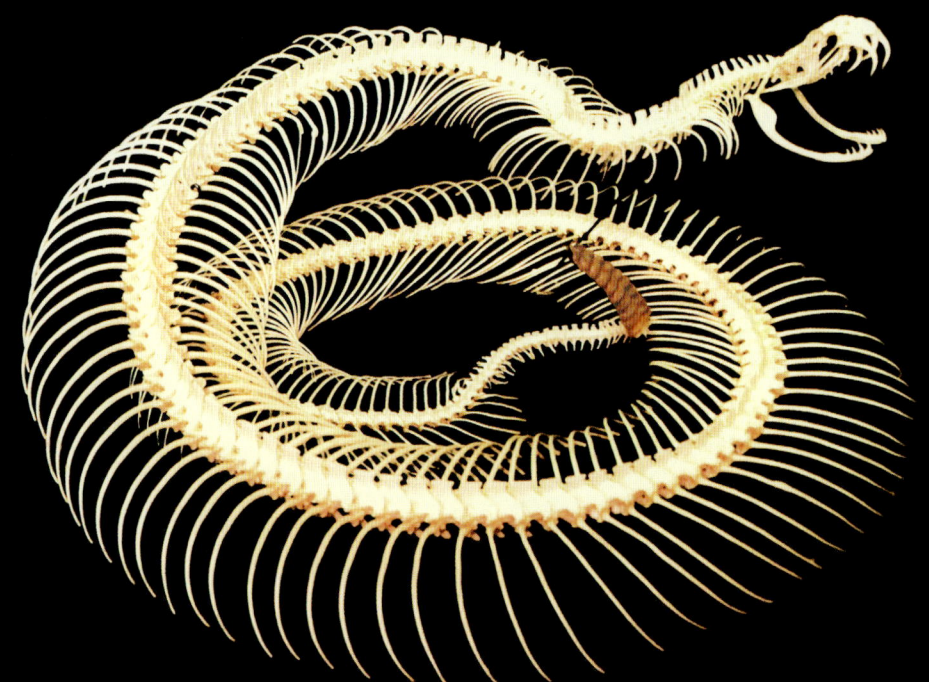

기본기 다지기
사람은 등뼈 33개와 갈비뼈 24개가 있어.

핵심 정보
방울뱀은 입 안에 날카로운 송곳니가 있어.

길쭉길쭉 뼈대

뱀잡이수리의 골격이야. 목과 다리가 유난히 길쭉한 게 두루미나 왜가리와 닮았어.

핵심정보
뱀잡이수리는 다리가 워낙 길어서 땅에 있는 먹이를 먹거나 물을 마실 때 몸을 많이 숙여야 해. 아이고, 힘들다.

기본기 다지기
뱀잡이수리를 포함한 대부분의 새들은 무릎이 뒤로 구부러지는 것처럼 보여. 오른쪽에 동그라미 친 부분처럼 말이야. 하지만 사실 저 부분은 무릎이 아니라 발목이야.

악질방울뱀이 지내는 곳

악질방울뱀은 주로 북아메리카 남서쪽과 멕시코 북쪽에 살아. 바위가 많은 험한 골짜기, 산, 덤불숲에서 지내니 근처에 갈 일이 있다면 조심하는 게 좋을 거야!

악질방울뱀이 사는 곳

미국
멕시코

요건 몰랐지?
미국 몇몇 주에서 열리는 방울뱀 축제가 문제야. 이 축제에서 사람들이 단순히 재미로 방울뱀을 끔찍하게 죽이고, 요리해 먹고 있거든.

뱀잡이수리가 사는 곳

뱀잡이수리는 아프리카의 사하라 사막 남쪽으로 펼쳐진 드넓은 초원에서 살아.

아프리카

뱀잡이수리가 사는 곳

기본기 다지기

키가 큰 풀이 빽빽하게 자라고 군데군데 작은 나무들이 있는 넓고 평평한 초원을 '사바나'라고 해. 뱀잡이수리는 사바나에서 볼 수 있어.

꼬리를 세우고 공격 준비!

방울뱀 꼬리엔 정말 방울이 달려 있는 걸까? 우리가 방울이라고 부르는 건 사실 방울처럼 생긴 비늘이야. 이 비늘은 방울뱀이 허물*을 벗을 때마다 하나씩 늘어나지.

놀라운 사실!
방울뱀은 자기가 내는 방울 소리를 듣지 못한대!

핵심 정보
방울뱀은 웬만해서 먼저 공격하지 않아. 상대가 가까이 다가오려고 하면 꼬리를 흔들며 경고하지.

비늘은 속이 텅 비어 있고, 각각 느슨하게 고리처럼 연결되어 있어. 방울뱀이 꼬리를 세워서 흔들면 이 비늘들이 서로 부딪히면서 소리가 나는 거야.

★허물: 파충류나 곤충이 자라면서 벗는 껍질.

발로 짓밟고 던지기 공격!

뱀잡이수리는 먹잇감을 사냥할 때 긴 다리로 걷어차고 발로 짓밟아서 기절시켜. 게다가 뱀잡이수리의 다리 비늘은 두껍고 단단해서 뱀이 물어뜯기도 힘들다고 해.

기본기 다지기
새를 연구하는 과학자를 조류학자라고 해.

핵심 정보
새는 대개 두 발에 발가락이 각각 4개씩 있어.

뱀잡이수리는 발톱이 아주 날카로워. 뱀잡이수리가 발로 걷어찰 때 발톱에 찔리면 무지하게 아플 거야. 끄악!

먹잇감을 통째로 꿀꺽!

방울뱀은 쥐, 토끼, 두더지, 다람쥐 같은 작은 포유류를 즐겨 먹어. 개구리나 새, 도마뱀, 다른 뱀을 잡아먹기도 하지. 먹잇감은 씹지 않고 통째로 꿀꺽 삼켜 버린다고 해.

방울뱀이 입을 쩌억 벌린 채 쥐를 잡아먹고 있어! 저런, 쥐가 빠져나가기엔 이미 늦은 것 같아.

핵심 정보
방울뱀은 야생에서 20년 넘게 살 수 있어.

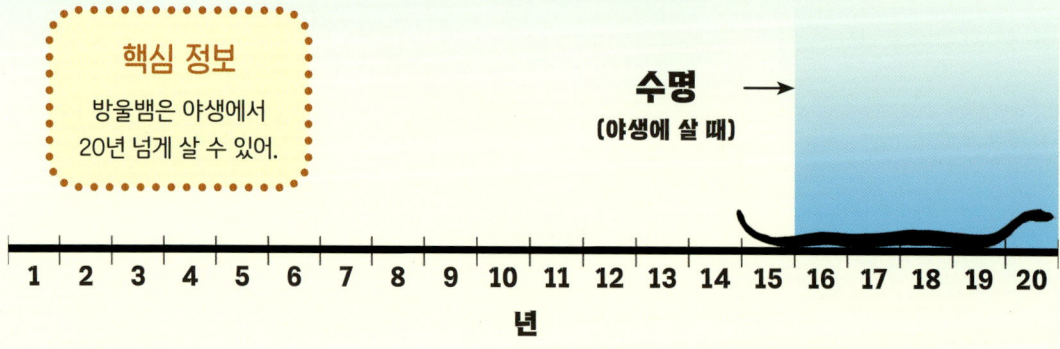

방울뱀은 사람은 먹지 않아. 통째로 삼키기에 사람은 너무 크거든. 방울뱀한테 잡아먹힐까 봐 걱정하지 않아도 된다는 뜻이야.

무시무시한 뱀 사냥꾼

뱀잡이수리의 사냥 시간! 뱀잡이수리는 사냥감을 발견하면 긴 다리로 뻥 차거나 발로 사정없이 먹잇감의 머리를 내리찍어. 언제까지? 먹잇감이 기절할 때까지!

뱀잡이수리가 살아 있는 도마뱀을 먹고 있어! 산 채로 먹는다니 정말 끔찍하군.

핵심 정보
뱀잡이수리는 야생에서 10~15년 정도 살아. 동물원에서는 19년까지도 산대.

← 수명
(야생에 살 때)

1 2 3 4 5 6 7 8 9 10 11 12 13 14 15 16 17 18 19 20
년

핵심 정보
새끼 뱀잡이수리는 주로 곤충을 잡아먹어.

요건 몰랐지?
뱀잡이수리는 밤에 쉬고 낮에 활동해. 이런 동물을 주행성 동물이라고 한단다. 반대로 밤에 활동하는 동물을 야행성 동물이라고 해.

방울뱀 마스코트

방울뱀은 야구, 미식축구 등 스포츠 팀의 마스코트로도 쓰여. 어느 팀에서 방울뱀을 마스코트로 내세우고 있는지 한번 볼까?

미국 프로 야구 팀 중에 애리조나 다이아몬드백스라는 팀이 있어. 여기서 다이아몬드백스는 악질방울뱀을 뜻하지. 모자에도 팀의 상징인 방울뱀을 그려 놓았어.

플로리다 A&M 래틀러스라는 미국의 대학 미식축구팀도 방울뱀을 마스코트로 쓰고 있어. 팀 이름인 '래틀러'가 '방울뱀'이라는 뜻이야. 이 팀이 쓰는 헬멧에도 멋진 방울뱀이 그려져 있어.

요건 몰랐지?
미국의 슈퍼마켓에서 방울뱀 고기를 팔기도 해. 생고기, 통조림 등 종류도 다양하지. 과연 무슨 맛일까?

왜 다들 나를 무서워하는 거야?

나라를 대표하는 새

쳇, 방울뱀이 스포츠 팀의 마스코트로 쓰인다고? 뱀잡이수리는 무려 나라를 대표한다고! 아프리카 수단과 남아프리카 공화국은 나라를 상징하는 표식인 국장에 뱀잡이수리를 그려 넣었어.

뱀잡이수리가 길고 힘센 다리로 공을 뻥 걷어찬다면? 아마 곧 전 세계에 엄청난 축구 선수가 나타났다고 소문날 거야. 별명도 '비서새'에서 '축구새'로 바뀔지도 몰라!

느릿느릿 느림보

방울뱀은 땅 위를 아주 천천히 구불구불 기어다녀. 빨라야 한 시간에 약 3~5킬로미터 정도 움직인대.

핵심 정보
방울뱀은 땅굴을 파고 들어가 안전하게 숨어 있곤 해.

요건 몰랐지?
방울뱀은 스스로 체온을 조절할 수 없어서 밖이 더우면 굴에 들어가고, 굴속이 추우면 햇볕을 쬐러 밖으로 나와.

굴속에 우글우글

깜짝 질문
방울뱀은 땅굴 한 곳에 몇 마리나 모여 살까? 놀라지 마! 무려 200마리!

성큼성큼 한달음에!

뱀잡이수리의 달리기 실력은 대단해. 새인데도 날기보다 주로 걷거나 뛴다니까!

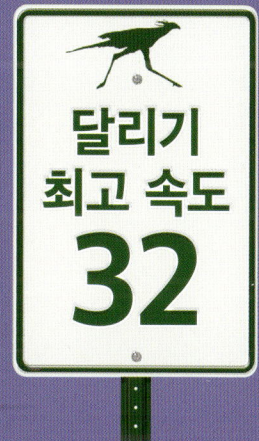

달리기 최고 속도 **32**

핵심 정보
뱀잡이수리는 날기 위해 땅에서 떠오르기까지 시간이 좀 걸린다고 해.

경치 좋은 잠자리

밤이 되면 뱀잡이수리는 나무 높이 올라가 잠을 청해. 사자, 하이에나, 자칼 같은 맹수를 피하기 위해서야.

여기까지 올라오진 않겠지?

방울뱀의 필살기

방울뱀의 날카로운 송곳니에서는 독이 나와. 송곳니로 먹잇감을 콱 물고는 독을 흘려보내지. 사용하지 않을 때는 입 안에 송곳니를 접어 둔대.

핵심 정보
방울뱀의 독은 먹잇감의 피를 굳게 만들어. 덜덜.

방울뱀의 특급 사냥 비법 공개! 방울뱀은 먹잇감을 발견하면 둘둘 말고 있던 몸을 풀면서 번개처럼 빠르게 머리를 쭉 내밀어.

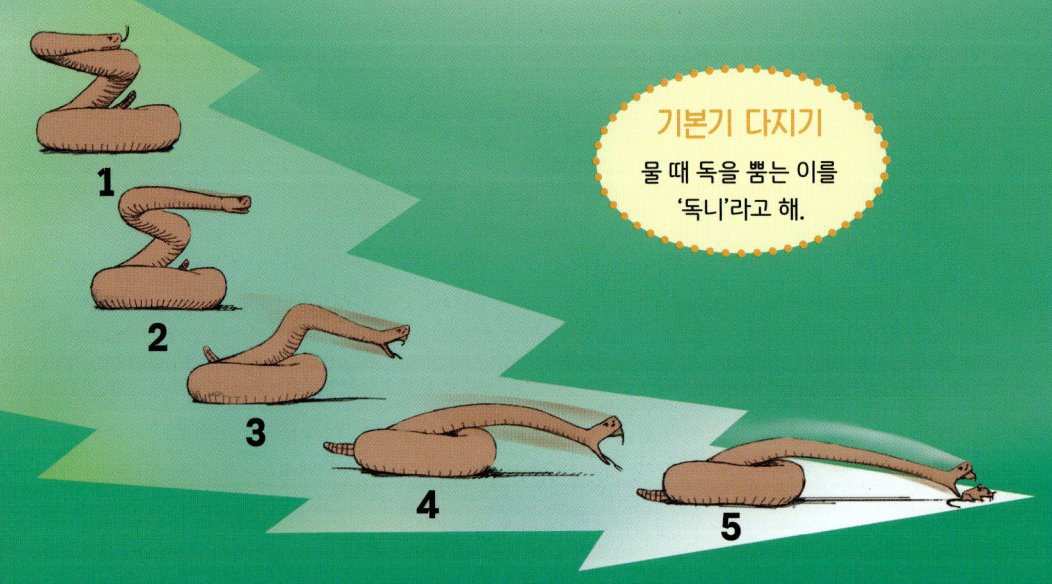

기본기 다지기
물 때 독을 뿜는 이를 '독니'라고 해.

뱀잡이수리의 강력 무기

뱀잡이수리는 훌륭한 사냥꾼일 수밖에 없어. 사냥 기술이 네 가지나 있거든!

방패 같은 넓은 날개

빠른 스피드

요건 몰랐지?
뱀잡이수리도 독사의 독을 견뎌 내지 못해. 그래서 독사를 잡아먹을 땐 꼭 뱀이 죽었는지 확인하고 먹어.

뾰족한 부리

날카로운 발톱

뱀잡이수리가 와다다다 달려와서 힘센 다리로 걷어차고, 날카로운 부리와 발톱으로 찍고 할퀸다면 어떤 먹잇감도 쉽게 당해 내지 못할 거야.

최강 동물 대결!

사냥할 준비를 마친 뱀잡이수리가 아카시아 나무 위를 맴돌고 있어. 잔뜩 경계한 채 주변을 살피는 중이지. 야생에서는 늘 조심해야 해. 잡아먹지 않으면 잡아먹히고 마니까!

빼꼼

굴속에서 안전하게 쉬고 있던 악질방울뱀도 굴 밖으로 슬쩍 머리를 내밀었어. 저녁이 되니 슬슬 배가 고프기 시작했거든.

악질방울뱀은 혀를 날름거리며 맛있는 쥐가 어디 있는지 찾았어. 그런데 이걸 어째? 먹잇감을 찾던 뱀잡이수리와 악질방울뱀의 눈이 딱 마주쳤어. 뱀잡이수리는 순식간에 악질방울뱀 위로 날아와 머리를 꽈악 짓밟았어.

착!

아야! 깜짝 놀란 악질방울뱀은 꿈틀거리며 굴속에 쏙 숨어 버렸지.

도대체 어디로 숨은 거지? 뱀잡이수리는 악질방울뱀을 찾으려고 주변을 두리번거렸지만, 도통 찾을 수 없었어. 악질방울뱀은 몰래 자기만 아는 비밀 통로로 슬금슬금 나오려고 준비 중이었지.

핵심 정보
맹금류는 보통 공중에서 사냥감을 공격해. 하지만 뱀잡이수리는 땅에서 먹잇감을 덮치지.

하지만 악질방울뱀의 계획은 실패했어! 비밀 통로로 머리를 내밀자마자 뱀잡이수리에게 딱 걸렸지 뭐야. 악질방울뱀은 또 머리를 꽉 밟히고 말았어.

악질방울뱀은 더 이상 물러설 곳이 없자 뱀잡이수리의 다리를 콱 물어 버리려 했어. 하지만 실패! 뱀잡이수리 다리를 이빨로 쉽게 뚫을 수가 없었거든. 뱀잡이수리는 악질방울뱀을 비웃듯 사뿐히 공격을 피했어.

악질방울뱀은 포기하지 않고 계속 공격했어. 독이 든 송곳니를 한껏 세우면서 말이야. 앗, 독이다! 뱀잡이수리는 악질방울뱀을 발로 뻥 찼어.

철퍼덕! 악질방울뱀이 땅에 떨어졌어. 뱀잡이수리는 또다시 악질방울뱀의 머리를 세차게 내리치고는 있는 힘껏 차 버렸지. 악질방울뱀은 공중으로 붕 날아올랐어.

아이고야, 악질방울뱀은 어질어질 정신이 없었어. 저녁이고 뭐고 일단 굴속으로 피하기로 했지.

하지만 뱀잡이수리는 방울뱀을 가만히 두지 않았어. 퍽! 퍽! 퍽! 도망가려는 악질방울뱀을 계속해서 발로 차 버렸단다. 게다가 뾰족한 부리로 머리를 쪼기까지 했어. 방울뱀은 이제 만신창이야.

핵심 정보
뱀잡이수리는 먹잇감을 발로 찰 때 날개를 사용해서 몸의 균형을 잡아.

마지막 한 방이다! 뱀잡이수리가 최후의 공격을 날렸어.

악질방울뱀이 쓰러졌어. 뱀잡이수리는 방울뱀이 죽었는지 확인하고는 한입에 꿀꺽 집어삼켰지. 뱀잡이수리가 승리했어! 하지만 기분이 썩 좋지는 않았지. 상처가 난 악질방울뱀은 맛이 없거든! 우웩!

누가 더 유리할까?

아래 체크 리스트의 각 항목을 보고, 더 강한 동물에 체크 표시(∨)해 봐!

악질방울뱀　　**뱀잡이수리**

	키	
☐	키	☐
☐	꼬리	☐
☐	다리	☐
☐	속도	☐
☐	이빨	☐
☐	독	☐
☐	부리	☐

★ 찾아보자! 키 48~49쪽, 꼬리·다리 56~57쪽, 속도 62~63쪽, 이빨·독·부리 64~65쪽

제리 팔로타 글 · 롭 볼스터 그림 | 신인수 외 옮김

숨 막히는 대결로 익히는 짜릿한 동물도감!

- 사자 vs 호랑이 / 재규어 vs 스컹크
- 고래 vs 대왕오징어 / 범고래 vs 백상아리
- 악어 vs 비단구렁이 / 코모도왕도마뱀 vs 킹코브라
- 티라노사우루스 렉스 vs 벨로키랍토르 / 트리케라톱스 vs 스피노사우루스
- 북극곰 vs 회색곰 / 방울뱀 vs 뱀잡이수리
- 타란툴라 vs 전갈 / 말벌 vs 쌍살벌

북극곰 vs 회색곰
또 하나의 대결 방울뱀 vs 뱀잡이수리

1판 1쇄 찍음 - 2023년 4월 10일, 1판 1쇄 펴냄 - 2023년 4월 25일
글쓴이 제리 팔로타 그린이 롭 볼스터 옮긴이 조은영 펴낸이 박상희 편집장 전지선 편집 최유진 디자인 박재희
펴낸곳 (주)비룡소 출판등록 1994. 3. 17.(제16-849호) 주소 06027 서울시 강남구 도산대로1길 62 강남출판문화센터 4층
전화 02)515-2000 팩스 02)515-2007 홈페이지 www.bir.co.kr
제품명 어린이용 각양장 도서 제조자명 (주)비룡소 제조국명 대한민국 사용연령 3세 이상

WHO WOULD WIN? : POLAR BEAR VS GRIZZLY BEAR
Text Copyright © 2010 by Jerry Pallotta
Illustration Copyright © 2010 by Rob Bolster

WHO WOULD WIN? : RATTLESNAKE VS SECRETARY BIRD
Text Copyright © 2016 by Jerry Pallotta
Illustration Copyright © 2016 by Rob Bolster

All rights reserved.

Korean Translation Copyright © 2023 by BIR Publishing Co., Ltd.
This Korean translation edition is published by arrangement with Scholastic Inc.,
557 Broadway, New York, NY 10012, USA through KCC(Korea Copyright Center Inc.), Seoul.

이 책의 한국어판 저작권은 ㈜한국저작권센터(KCC)를 통해 저작권사와 독점 계약한 (주)비룡소에 있습니다.
저작권법에 의해 한국 내에서 보호를 받는 저작물이므로 무단전재와 무단복제를 금합니다.

ISBN 978-89-491-3305-8 74400 / 978-89-491-3300-3(세트)

지은이 **제리 팔로타**

미국 매사추세츠주 페가티 비치에서 72명의 사촌들과 함께 어린 시절을 보냈다. 어른이 되어서는 30년 넘게 어린이책 작가로 활동하며, 90권 이상의 책을 썼다. 쓴 책 중에 「누가 이길까?(Who Would Win?)」 시리즈를 가장 좋아한다.

그린이 **롭 볼스터**

풍경과 사물을 매우 사실적으로 그리는 예술가이자 전문 일러스트레이터. 미국 로드아일랜드 디자인스쿨을 졸업하고 20년 넘게 일러스트레이터로 일하고 있다. 지금은 미국 매사추세츠주 보스턴 근처에서 유화를 그리며 지낸다.

옮긴이 **조은영**

어려운 과학책은 쉽게, 쉬운 과학책은 재미있게 옮기려는 과학도서 전문 번역가. 서울대학교 생물학과를 졸업하고, 같은 대학교 천연물대학원과 미국 조지아대학교에서 석사 학위를 받았다. 옮긴 책으로는 「자연 다큐 백과」 시리즈의 『곤충과 개미』, 『공룡과 화석』, 『상어』, 「팩토피아」 시리즈, 『이토록 멋진 곤충』과 「영국 자연사박물관의 애니멀 타임스」 시리즈 등이 있다.

사진 저작권

Page 18: © John Warden / AlaskaStock.com; page 19: © Kevin Schafer/Getty Images; page 24: © Courtesy of Dave Newbury, Department of Anatomy / University of Bristol; page 25: © Courtesy of Cooper Landing Museum; page 26: © Agami Photo Agency/Shutterstock, Inc.; page 27: © Michio Hoshino / Minden Pictures; page 44 top: © Marv Port/Shutterstock, Inc.; page 44 center top: © df ikar/Fotolia; page 44 center bottom: © Claire Fulton/ Dreamstime; page 44 bottom: © lucaar/Fotolia; page 45 top: © 7activestudio/Fotolia; page 45 center top: © Mike Neale/ Dreamstime; page 45 center bottom: © betweenthelines/Fotolia; page 45 bottom: © gregg williams/Fotolia; page 46: © Audrey Snider-Bell/Shutterstock, Inc.; page 52: © Courtesy Kyle Shepherd/ Louisville Zoo; page 53: © Dan Porges/Getty Images; page 58: © John Cancalosi/Media Bakery; page 59: © Panoramic Images/Getty Images; page 60 center: © Don Juan Moore/AP Images; page 61 top left: © Robertosch/Dreamstime; page 61 top right: © Robertosch/Dreamstime.